Impressum
Verlag: BABADADA GmbH, Nedderfeld 112 , 22529 Hamburg
Geschäftsführer / Verlagsleitung: Harald Hof
Druck: Books on Demand GmbH, In de Tarpen 42, 22848 Norderstedt

Imprint
Publisher: BABADADA GmbH, Nedderfeld 112 , 22529 Hamburg, Germany
Managing Director / Publishing direction: Harald Hof
Print: Books on Demand GmbH, In de Tarpen 42, 22848 Norderstedt, Germany

Szkoła

la escuela

Sala lekcyjna
el aula

dzielić
dividir

186/2

Dziedziniec szkolny
el patio

Tablica
la pizarra

Nauczyciel
el maestro/a

Papier
el papel

pisać
escribir

Pisak
el bolígrafo

Biurko
el escritoria

Liniał
la regla

Książka
el libro

Uczeń
el alumno/a

Plecak szkolny
la cartera

Piórnik
la caja de lápices

Ołówek
el lápiz

Temperówka
el sacapuntas

Gumka do mazania
la goma de borrar

Blok rysunkowy
el cuaderno de dibujo

Rysunek

el dibujo

Pędzel

el pincel

Pudełko z akwarelami

la caja de pinturas

Nożyce

las tijeras

Klej

el pegamento

Książka do ćwiczenia

el cuaderno de ejercicios

Zadanie domowe

los deberes

Liczba

el número

dodawać

sumar

odejmować

restar

mnożyć

multiplicar

liczyć

calcular

Litera

la letra

Alfabet

el alfabeto

Słowo

la palabra

Tekst

el texto

czytać

leer

Kreda

la tiza

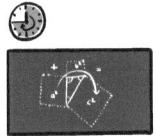

Godzina

la lección

Dziennik lekcyjny

el cuaderno de notas

Egzamin

el examen

Świadectwo

el certificado

Mundurek szkolny

el uniforme

Wykształcenie

la educación

Leksykon

la enciclopedia

Uniwersytet

la universidad

Mikroskop

el microscopio

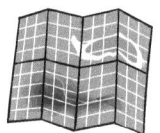

Mapa

el mapa

Kosz na odpadki

la papelera

Podróż
el viaje

Hotel
el hotel
Grand
Schronisko
el albergue
ROOMS
antor wymiany walut
oficina de cambio de divisas
Walizka
la maleta
Auto
el coche

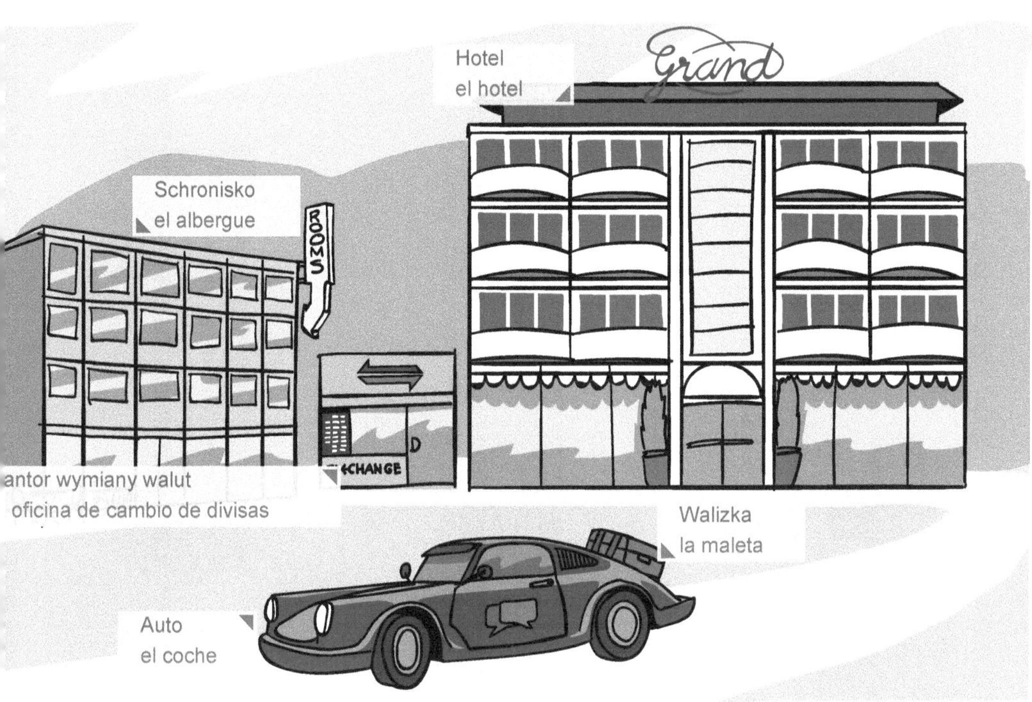

Język

el idioma

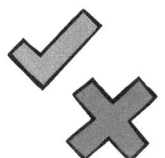

tak / nie

sí / no

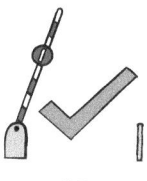

OK

Vale

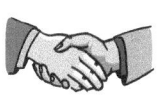

Halo

hola

Tłumacz

el traductor

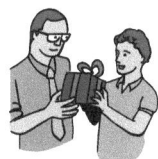

Dziękuję

Gracias

Ile kosztuje ...?

¿cuánto es...?

Nie rozumiem

No entiendo

Problem

el problema

Dobry wieczór!

¡Buenas tardes!

Dzień dobry!

¡Buenos días!

Dobranoc!

¡Buenas noches!

Do widzenia

adiós

Kierunek

la dirección

Bagaż

el equipaje

Torba

la bolsa

Plecak

la mochila

Gość

el invitado

Pokój

la habitación

Śpiwór

el saco de dormir

Namiot

la tienda de campaña

Informacja turystyczna

la información turística

Plaża

la playa

Karta kredytowa

la tarjeta de crédito

Śniadanie

el desayuno

Obiad

el almuerzo

Kolacja

la cena

Bilet

el billete

Winda

el ascensor

Znaczek na list

el sello

Granica

la frontera

Cło

la aduana

Ambasada

la embajada

Wiza

la visa

Paszport

el pasaporte

Transport
el transporte

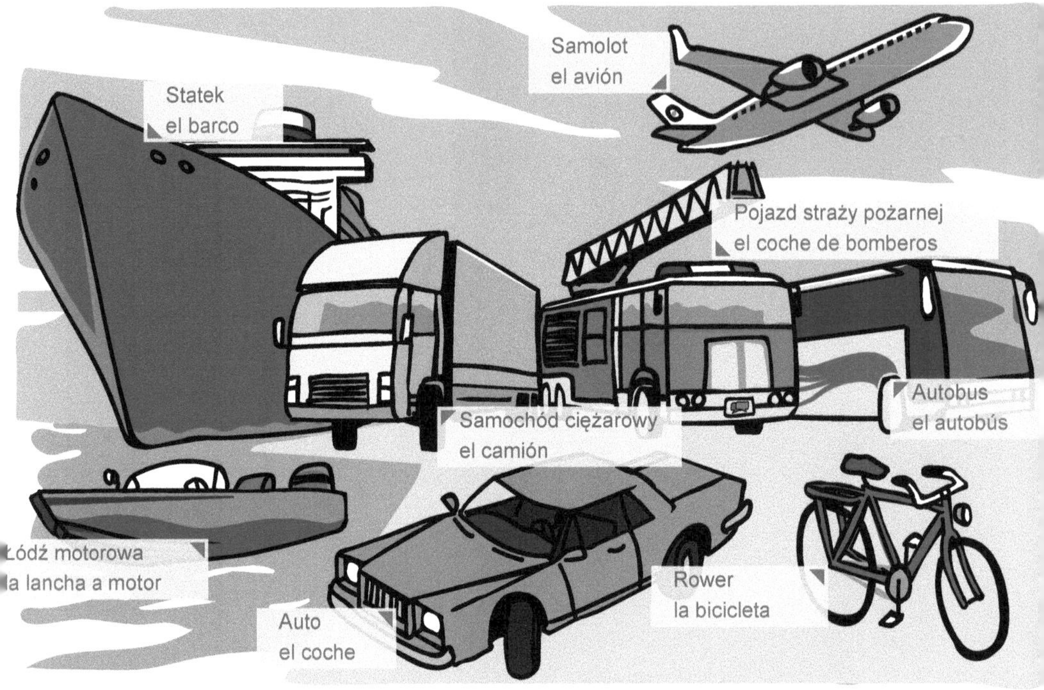
Samolot
el avión
Statek
el barco
Pojazd straży pożarnej
el coche de bomberos
Autobus
el autobús
Samochód ciężarowy
el camión
Łódź motorowa
la lancha a motor
Rower
la bicicleta
Auto
el coche

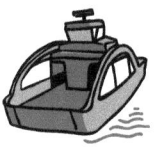

Prom

el transbordador

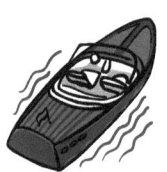

Łódź

la barca

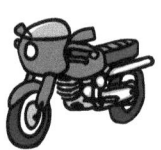

Motocykl

la moto

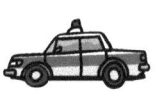

Radiowóz policyjny

el coche de policía

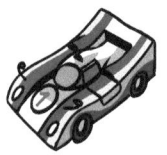

Samochód wyścigowy

el coche de carreras

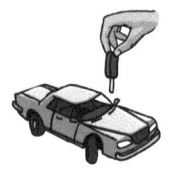

Samochód wypożyczony

el coche de alquiler

Wspólne przejazdy
samochodem
el préstamo de vehículos

Samochód pomocy
drogowej
la grúa

Śmieciarka
el camión de la basura

Silnik
el motor

Benzyna
la gasolina

Stacja benzynowa
la gasolinera

Znak drogowy
la señal de tráfico

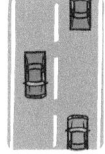

Ruch
el tráfico

Korek
el atasco

Parking
el aparcamiento

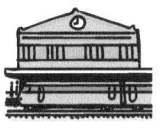

Dworzec
la estación de tren

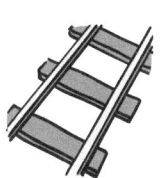

Szyny
las vías

Pociąg
el tren

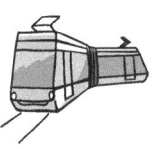

Tramwaj
el tranvía

Wagon
el vagón

Helikopter

el helicóptero

Lotnisko

el aeropuerto

Wieża

la torre

Pasażer

el pasajero

Kontener

el contenedor

Karton

la caja de cartón

Taczka

la carretilla

Kosz

la cesta

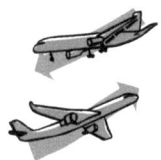

startować / lądować

despegar / aterrizar

Miasto

la ciudad

Wieś

el pueblo

Centrum miasta

el centro de la ciudad

Dom

la casa

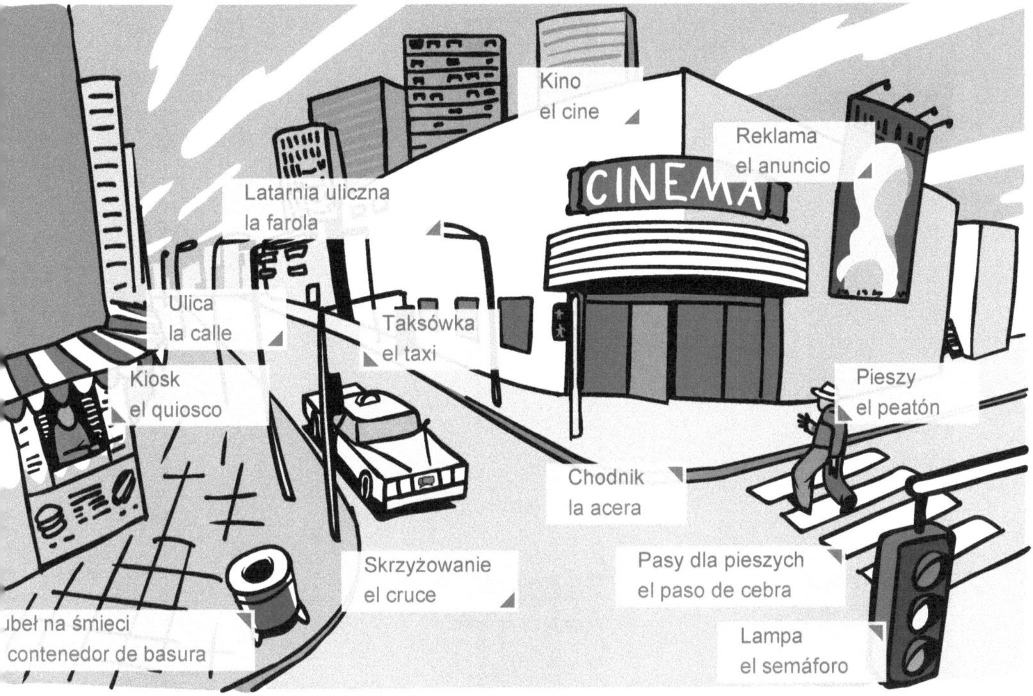

Kino
el cine

Reklama
el anuncio

Latarnia uliczna
la farola

CINEMA

Ulica
la calle

Taksówka
el taxi

Kiosk
el quiosco

Pieszy
el peatón

Chodnik
la acera

Skrzyżowanie
el cruce

Pasy dla pieszych
el paso de cebra

...beł na śmieci
contenedor de basura

Lampa
el semáforo

Chata

la cabaña

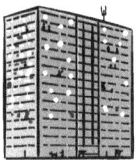

Mieszkanie

el apartamento

Dworzec

la estación de tren

Ratusz

el ayuntamiento

Muzeum

el museo

Szkoła

la escuela

Uniwersytet

la universidad

Bank

el banco

Szpital

el hospital

Hotel

el hotel

Apteka

la farmacia

Biuro

la oficina

Księgarnia

la librería

Sklep

la tienda de campaña

Kwiaciarnia

la floristería

Supermarket

el supermercado

Rynek

el mercado

Dom towarowy

los grandes almacenes

Sklep z rybami

la pescadería

Centrum handlowe

el centro comercial

Port

el puerto

Miasto - la ciudad

Park

el parque

Ławka

el banco

Most

el puente

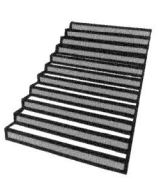

Schody

las escaleras

Metro

el metro

Tunel

el túnel

Przystanek autobusowy

la parada de autobús

Bar

el bar

Restauracja

el restaurante

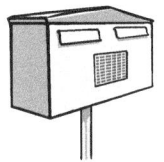

Skrzynka na listy

el buzón

Tabliczka z nazwą ulicy

el poste indicador

Parkometr

el parquímetro

Zoo

el zoo

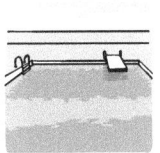

Łaźnia

la piscina

Meczet

la mezquita

Gospodarstwo chłopskie
la granja

Zanieczyszczenie środowiska
la contaminación

Cmentarz
el cementerio

Kościół
la iglesia

Plac zabaw
el patio de juego

Świątynia
el templo

Krajobraz
el paisaje

Liść
la hoja

Drogowskaz
la señal

Droga
el camino

Łąka
el prado

Kamień
la piedra

Drzewo
el árbol

Wędrowiec
el excursionista

Rzeka
el río

Trawa
la hierba

Kwiat
la flor

Dolina

el valle

Góra

la colina

Jezioro

el lago

Las

el bosque

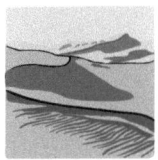

Pustynia

el desierto

Wulkan

el volcán

Zamek

el castillo

Tęcza

el arcoíris

Grzyb

el champiñón

Palma

la palmera

Komar

el mosquito

Mucha

la mosca

Mrówka

la hormiga

Pszczoła

la abeja

Pająk

la araña

Chrząszcz

el escarabajo

Żaba

la rana

Wiewiórka

la ardilla

Jeż

el erizo

Zając

la liebre

Sowa

la lechuza

Ptak

el pájaro

Łabędź

el cisne

Dzik

el jabalí

Jeleń

el ciervo

Łoś

el alce

Tama

la presa

Wiatrak

la turbina eólica

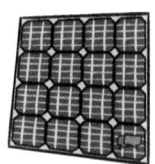

Moduł solarny

el panel solar

Klimat

el clima

Restauracja
el restaurante

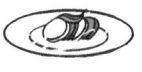

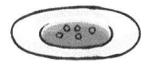

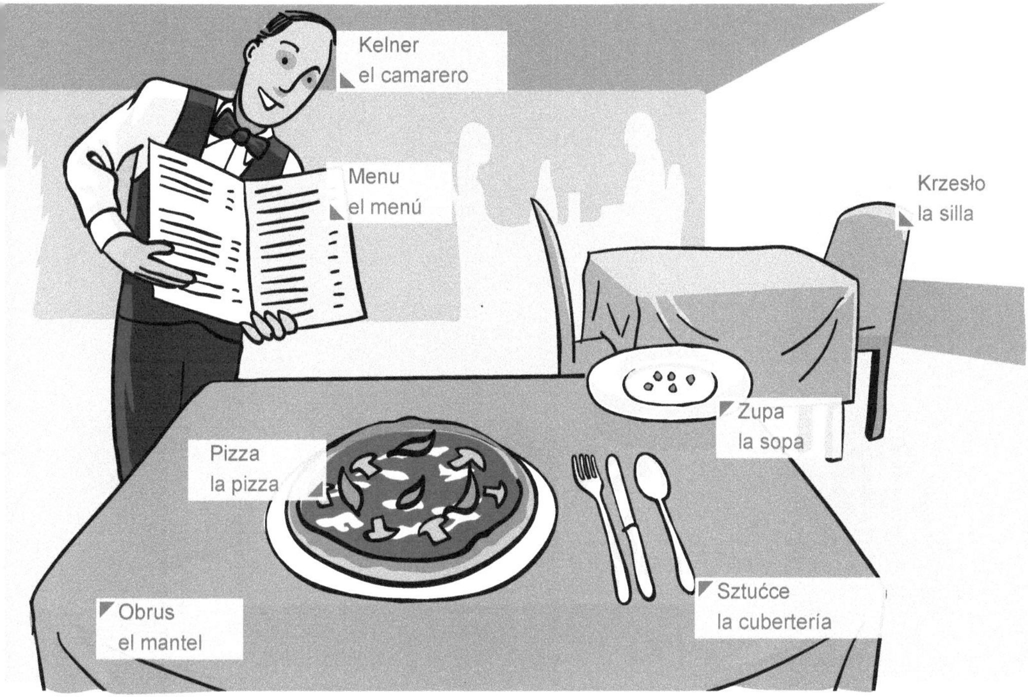
Kelner
el camarero
Menu
el menú
Krzesło
la silla
Zupa
la sopa
Pizza
la pizza
Sztućce
la cubertería
Obrus
el mantel

Przystawka

el primer plato

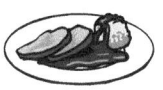

Danie główne

el plato principal

Deser

el postre

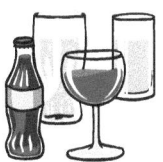

Napoje

las bebidas

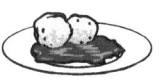

Jedzenie

la comida

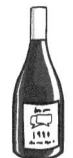

Butelka

la botella

Fastfood

la comida rápida

Streetfood

la comida callejera

Dzbanek na herbatę

la tetera

Cukierniczka

el azucarero

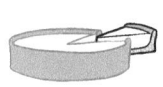

Porcja

la porción

Zaparzarka do espresso

la cafetera expreso

Krzesło dla dziecka

la trona

Rachunek

la cuenta

Taca

la bandeja

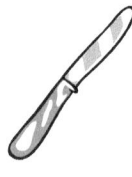

Noż

el cuchillo

Widelec

el tenedor

Łyżka

la cuchara

Łyżeczka

la cucharilla

Serwetka

la servilleta

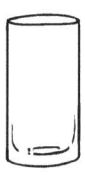

Szklanka

el vaso

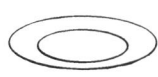

Talerz

el plato

Talerz do zupy

el plato hondo

Podstawek pod filiżankę

el platillo

Sos

la salsa

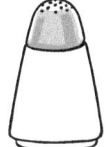

Solniczka

el salero

Młynek do pieprzu

el molinillo de pimienta

Ocet

el vinagre

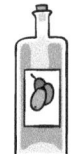

Olej

el aceite

Przyprawy

las especias

Keczup

el ketchup

Musztarda

la mostaza

Majonez

la mayonesa

Supermarket
el supermercado

Oferta
la oferta especial
FOR
Klient
el cliente
Produkty mleczne
los lácteos
Owoce
la fruta
Wózek sklepowy
el carro de compra

BUTCHERS

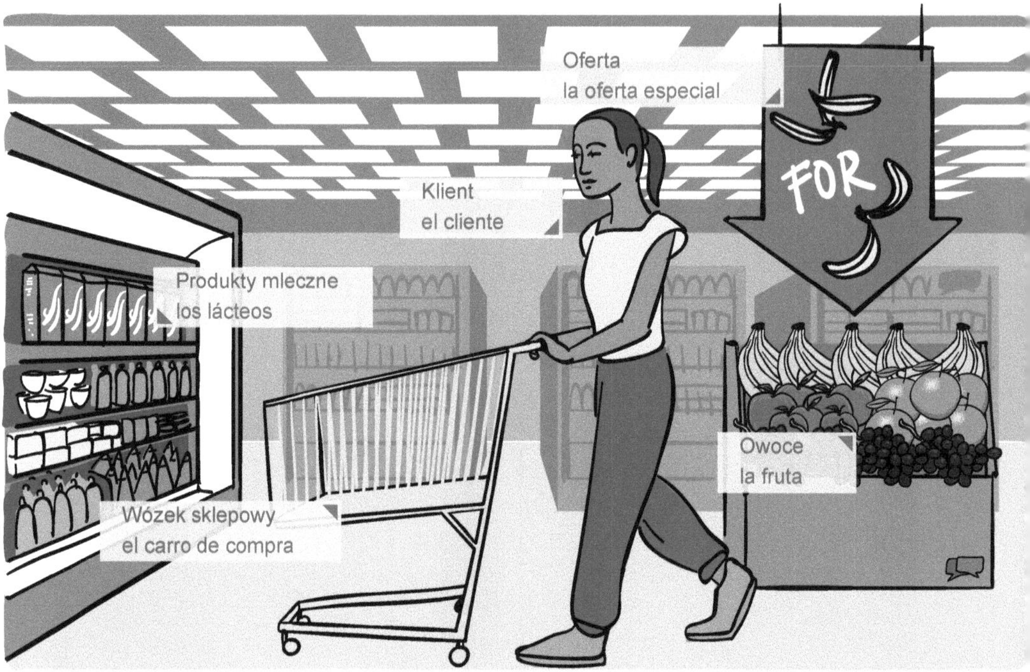

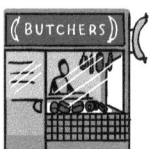

Rzeźnia

la carniceria

BAKERY

Piekarnia

la panadería

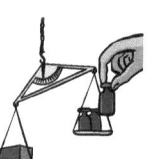

ważyć

pesar

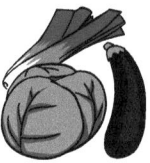

Warzywa

las verduras

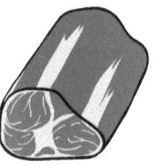

Mięso

la carne

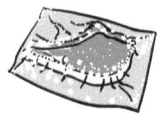

Mrożonki

los alimentos congelados

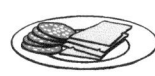

Wędliny

los fiambres

Konserwy

las conservas

Proszek m do prania

el detergente en polvo

Słodycze

los dulces

Artykuły użytku domowego

productos de uso doméstico

Środek czyszczący

productos de limpieza

Sprzedawczyni

la vendedora

Kasa

la caja de cartón

Kasjer

el cajero

Lista zakupów

la lista de la compra

Godziny otwarcia

el horario de atención al público

Portfel

la cartera

Karta kredytowa

la tarjeta de crédito

Torba

la bolsa de plástico

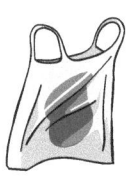

Torebka plastikowa

la bolsa de plástico

las bebidas

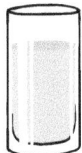

Woda

el agua

Sok

el zumo

Mleko

la leche

Cola

la cola

Wino

el vino

Piwo

la cerveza

Alkohol

el alcohol

Kakao

el cacao

Herbata

el té

Kawa

el café

Espresso

el expreso

Cappuccino

el capuchino

Banan

el plátano

Jabłko

la manzana

Pomarańcza

la naranja

Arbuz

el melón

Cytryna

el limón

Marchew

la zanahoria

Czosnek

el ajo

Bambus

el bambú

Cebula

la cebolla

Grzyb

el champiñón

Orzechy

las avellanas

Makaron

los fideos

Spaghetti

las espagueti

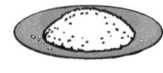

Ryż

el arroz

Sałatka

la ensalada

Frytki

las patatas fritas

Ziemniaki pieczone

las patatas fritas

Pizza

la pizza

Hamburger

la hamburguesa

Kanapka

el sándwich

Sznycel

el filete

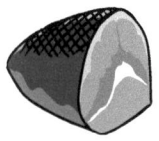

Szynka

el jamón

Salami

le salami

Kiełbasa

la salchicha

Kura

el pollo

Pieczeń

el asado

Ryba

el pescado

Jedzenie - la comida

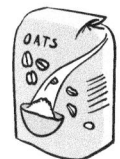

Płatki owsiane

los copos de avena

Musli

el muesli

Płatki kukurydziane

los copos de maíz

Mąka

la harina

Croissant

el cruasán

Bułka

el panecillo

Chleb

el pan

Toast

la tostada

Ciastka

las galletas

Masło

la mantequilla

Twarożek

la cuajada

Ciasto

el pastel

Jajko

el huevo

Jajko sadzone

el huevo frito

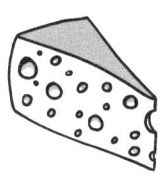

Ser

el queso

Lody

el helado

Cukier

el azúcar

Miód

la miel

Marmolada

la mermelada

Krem nugatowy

la crema de turrón

Curry

el curry

Gospodarstwo chłopskie
la granja

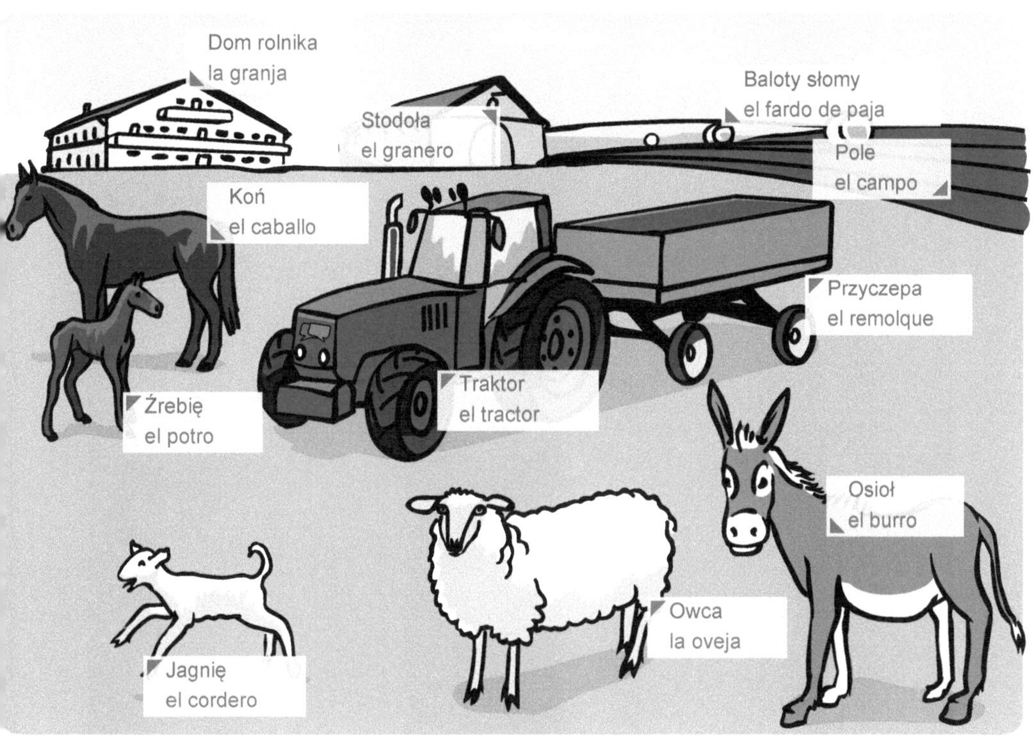
Dom rolnika
la granja
Stodoła
el granero
Baloty słomy
el fardo de paja
Pole
el campo
Koń
el caballo
Przyczepa
el remolque
Traktor
el tractor
Źrebię
el potro
Osioł
el burro
Owca
la oveja
Jagnię
el cordero

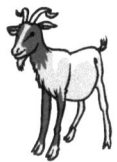

Koza

la cabra

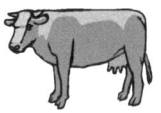

Krowa

la vaca

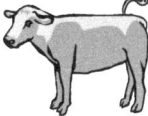

Cielę

el ternero

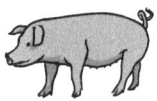

Świnia

el cerdo

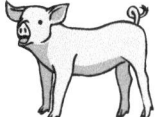

Prosię

el cerdito

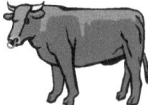

Byk

el toro

Gęś

el ganso

Kaczka

el pato

Kurczątko

el pollo

Kura

la gallina

Kogut

el gallo

Szczur

la rata

Kot

el gato

Mysz

el ratón

Osioł

el buey

Pies

el perro

Buda dla psa

la perrera

Wąż ogrodowy

la manguera

Konewka

la regadera

Kosa

la guadaña

Pług

el arado

Sierp

la hoz

Graca

la azada

Widły

la horca

Siekiera

el hacha

Taczka

la carretilla

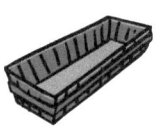

Koryto

el abrevadero

Kanka na mleko

la lechera

Worek

el saco

Płot

la valla

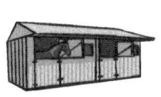

Stajnia

el establo

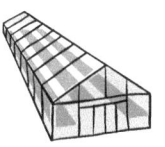

Szklarnia

el invernadero

Ziemia

el suelo

Nasiona

la semilla

Nawóz

el fertilizador

Kombajn zbożowy

la cosechadora

zbierać

cosechar

Żniwa

la cosecha

Podchrzyn

el ñame

Pszenica

el trigo

Soja

el soja

Ziemniak

la patata

Kukurydza

el maíz

Rzepak

la semilla de colza

Drzewo owocowe

el árbol frutal

Maniok

la mandioca

Zboże

las cereales

Dom
la casa

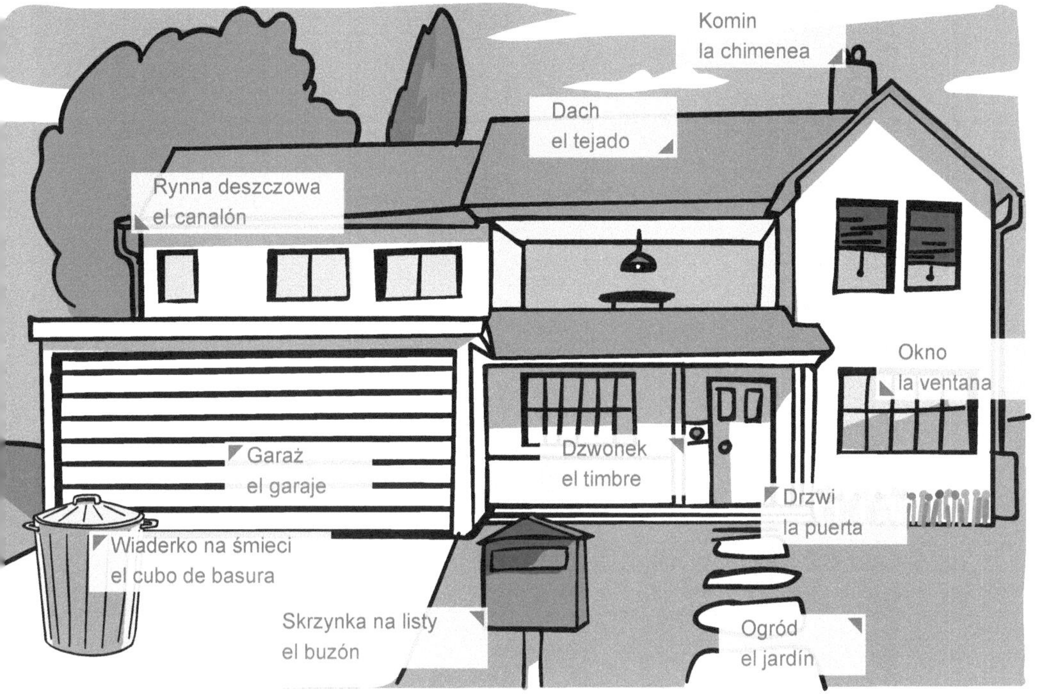
Komin
la chimenea
Dach
el tejado
Rynna deszczowa
el canalón
Okno
la ventana
Garaż
el garaje
Dzwonek
el timbre
Drzwi
la puerta
Wiaderko na śmieci
el cubo de basura
Skrzynka na listy
el buzón
Ogród
el jardín

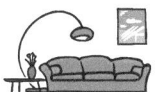

Pokój dzienny
....
la sala

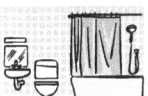

Łazienka
....
el cuarto de baño

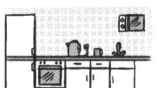

Kuchnia
....
la cocina

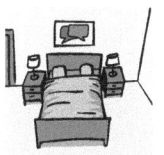

Sypialnia
....
el dormitorio

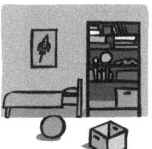

Pokój dziecięcy
....
la habitación de los niños

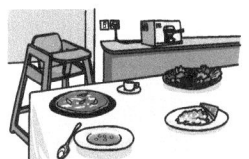

Jadalnia
....
el comedor

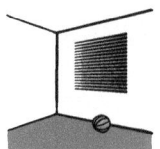

Ziemia

el suelo

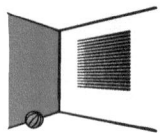

Ściana

la pared

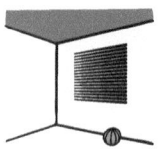

Koc

el techo

Piwnica

el sótano

Sauna

la sauna

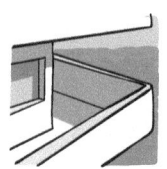

Balkon

el balcón

Taras

la terraza

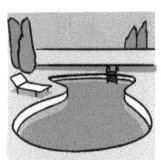

Basen

la piscina

Kosiarka do trawy

el cortacésped

Poszwa

la sábana

Kołdra

la colcha

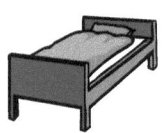

Łóżko

la cama

Miotła

la escoba

Wiadro

el balde

Włącznik

el interruptor

Pokój dzienny
la sala

Tapeta
el papel pintado
Obraz
la imagen
Lampa
la lámpara
Regał
el estante
Szafa
el armario
Telewizor
la televisión
Komin
la chimenea
Kwiat
la flor
Poduszka
el cojín
Kanapa
el sofá
Wazon
el jarrón
Pilot
el mando a distancia

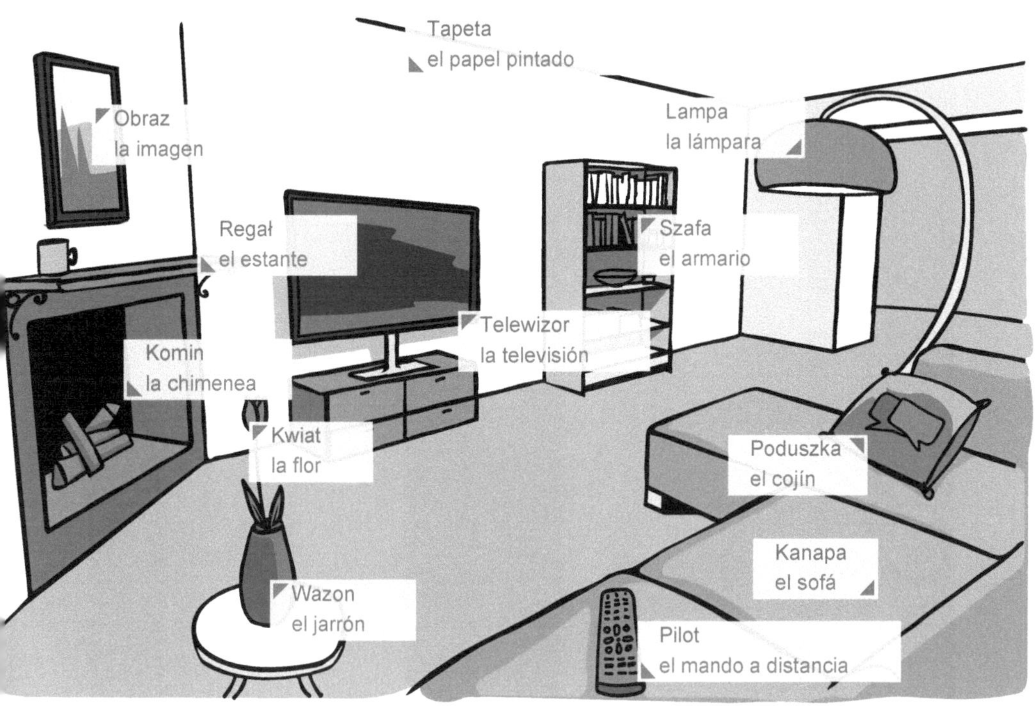

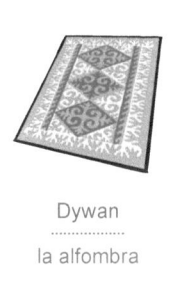

Dywan

la alfombra

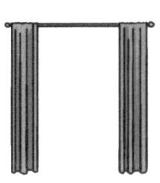

Zasłona

la cortina

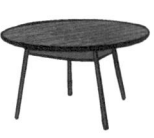

Stół

la mesa

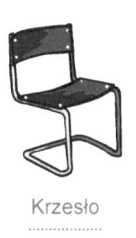

Krzesło

la silla

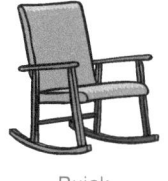

Bujak

el mecedora

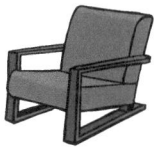

Fotel

la butaca

Książka

el libro

Sufit

la manta

Dekoracja

la decoración

Drewno kominkowe

la leña

Film

la película

Instalacja stereo

el equipo de música

Klucz

la llave

Gazeta

el periódico

Malunek

la pintura

Plakat

el póster

Radio

la radio

Notatnik

el cuaderno

Odkurzacz

la aspiradora

Kaktus

el cactus

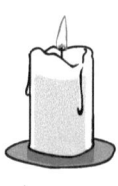

Świeczka

la vela

Kuchnia
la cocina

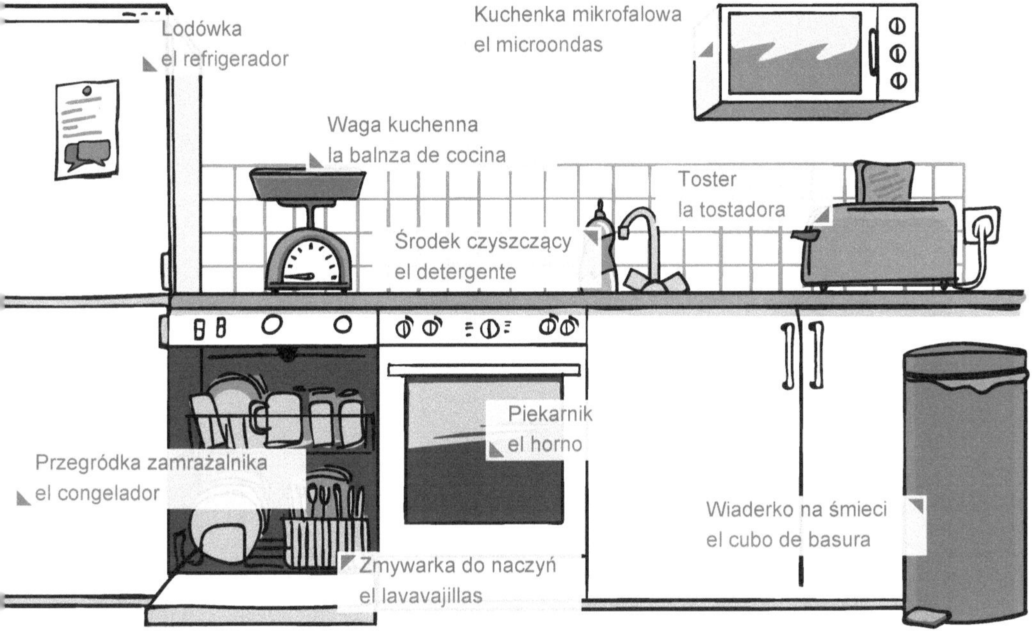

Lodówka
el refrigerador
Kuchenka mikrofalowa
el microondas
Waga kuchenna
la balnza de cocina
Toster
la tostadora
Środek czyszczący
el detergente
Piekarnik
el horno
Przegródka zamrażalnika
el congelador
Wiaderko na śmieci
el cubo de basura
Zmywarka do naczyń
el lavavajillas

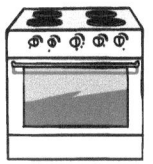

Kuchenka

la olla a presión

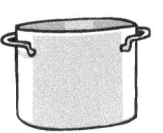

Garnek

la olla

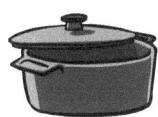

Kocioł żeliwny

la olla de hierro fundido

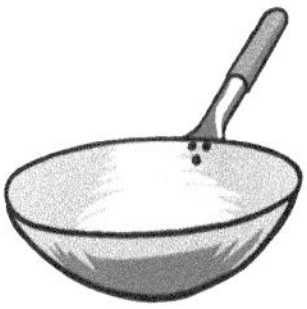

Wok / Kadai

el wok

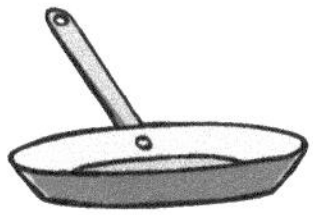

Patelnia

la cazuela

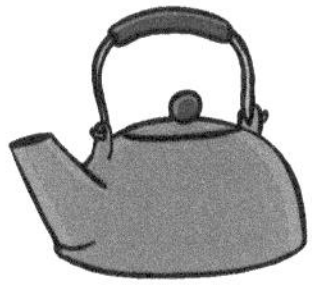

Czajnik

el hervidor

Parowar

la vaporera

Blacha do pieczenia

la chapa de horno

Naczynia kuchenne

la vajilla

Kubek

la taza

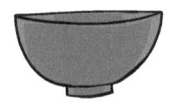

Miska

el tazón

Pałeczki

los palillos

Nabierka

el cucharón

Łopatka do smażenia

la espumadera

Trzepaczka do śmietany

el batidor

Cedzak

el colador

Sitko

el cedazo

Tarka

el rallador

Moździerz

el mortero

Grillowanie

la barbacoa

Palenisko

la hoguera

Deska

la tabla de picar

Wałek do ciasta

el rodillo

Korkociąg

el sacacorchos

Puszka

la lata

Otwieracz do puszek

el abrelatas

Ściereczka do trzymania garnka

el agarrador

Umywalka

el lavabo

Szczotka

el cepillo

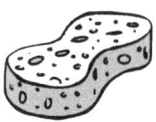

Gąbka

la esponja

Mikser

la batidora

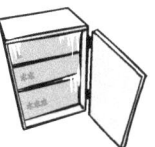

Zamrażarka

el congelador

Butelka dla niemowlęcia

el biberón

Kran

el grifo

Łazienka
el cuarto de baño

Prysznic
la ducha
Ogrzewanie
la calefacción
Ręcznik
la toalla
Kotara prysznicowa
la cortina de la ducha
Płyn do kąpieli
el baño de espuma
Wanna kąpielowa
la bañera
Szklanka
el vaso
Pralka
la lavadora
Kran
el grifo
Kafelki
las baldosas
Nocnik
el orinal
Umywalka
el lavabo

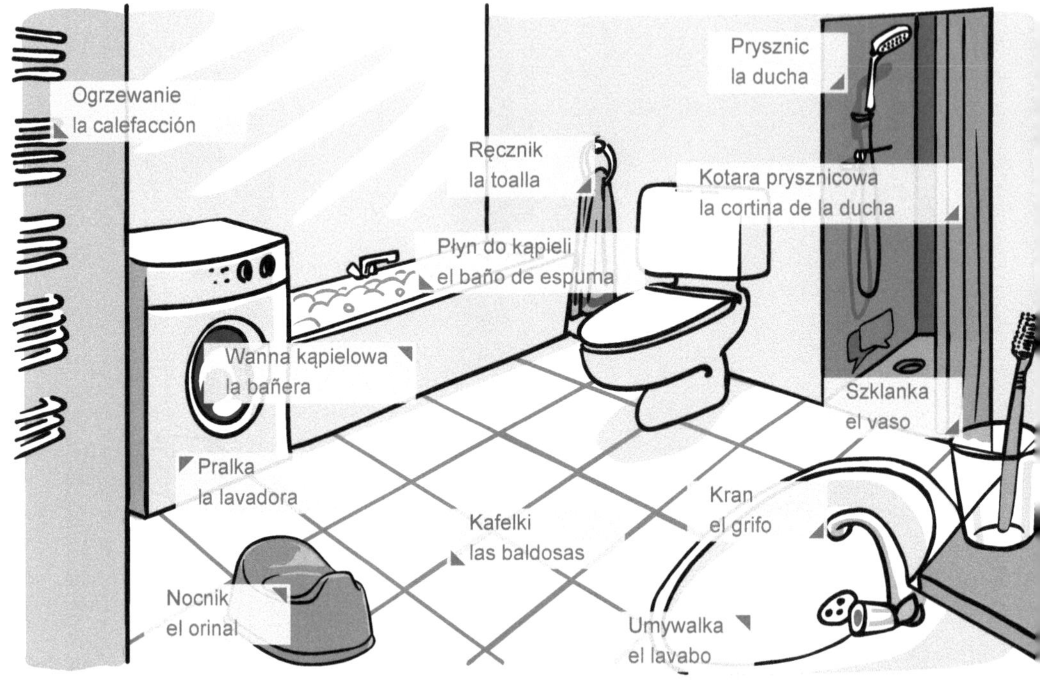

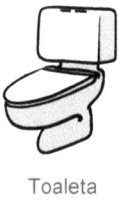

Toaleta
el inodoro

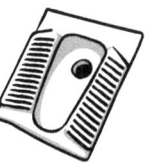

Toaleta kuczna
el inodoro rústico

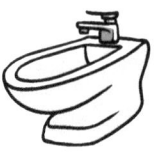

Bidet
el bidé

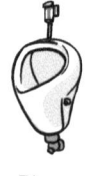

Pisuar
el urinario

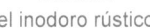

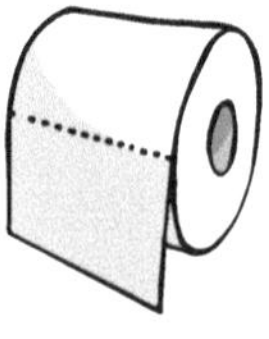

Papier toaletowy
el papel higiénico

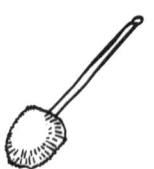

Szczotka toaletowa
la escobilla del váter

Szczoteczka do zębów

el cepillo de dientes

Pasta do zębów

la pasta de dientes

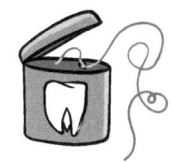

Nitki do czyszczenia zębów

el hilo dental

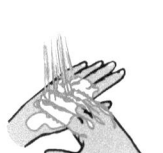

myć

lavar

Głowica prysznicowa

la ducha de mano

Płyn kąpielowy do higieny intymnej

la ducha íntima

Miska do mycia

la pila

Szczotka kąpielowa

el cepillo de espalda

Mydło

el jabón

Żel prysznicowy

el gel de ducha

Szampon

el champú

Rękawica kąpielowa

la toallita

Odpływ

el desagüe

Krem

la crema

Dezodorant

el desodorante

Lustro

el espejo

Lustro kosmetyczne

el espejo de tocador

Golarka

la maquinilla de afeitar

Pianka do golenia

la espuma de afeitar

Woda po goleniu

la loción postafeitado

Grzebień

el peine

Szczotka

el cepillo

Suszarka do włosów

el secador

Spray do włosów

la laca

Makijaż

el maquillaje

Pomadka

el pintalabios

Lakier do paznokci

el pintauñas

Wata

el algodón

Nożyczki do paznokci

el cortauñas

Perfum

el perfume

Kosmetyczka

el estuche de viaje

Taboret

la banqueta

Waga

la balanza

Szlafrok kąpielowy

el albornoz

Rękawice gumowe

los guantes de goma

Tampon

el tampón

Podpaska damska

la compresa

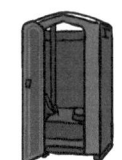

Toaleta chemiczna

el inodoro químico

Pokój dziecięcy
la habitación de los niños

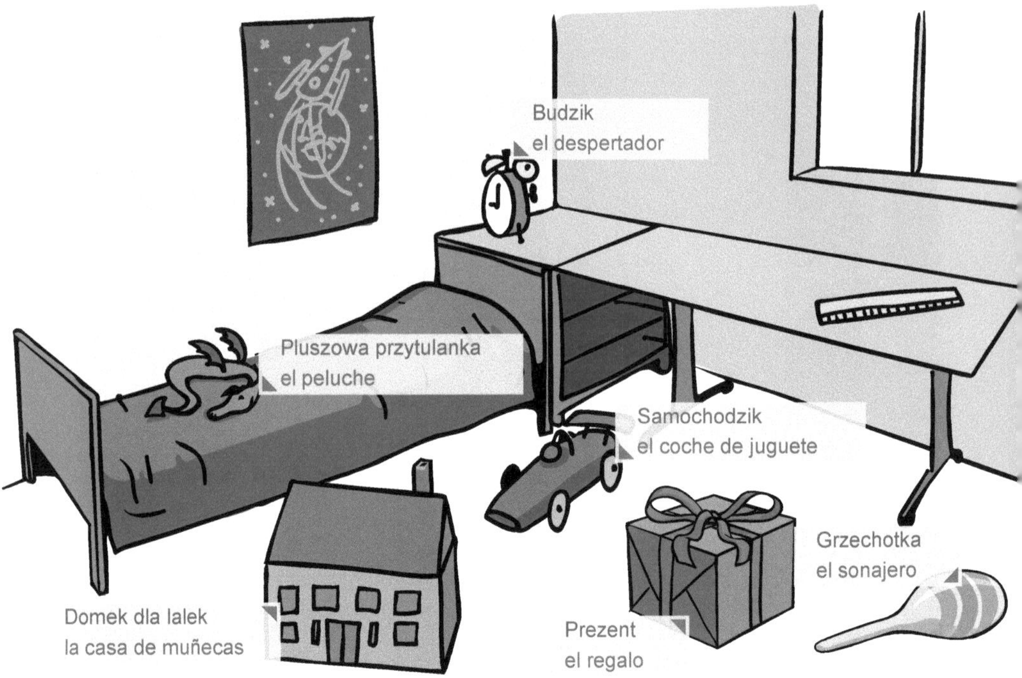

Budzik
el despertador
Pluszowa przytulanka
el peluche
Samochodzik
el coche de juguete
Grzechotka
el sonajero
Domek dla lalek
la casa de muñecas
Prezent
el regalo

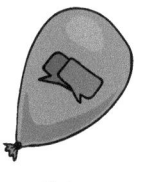

Balon
el globo

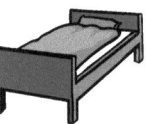

Łóżko
la cama

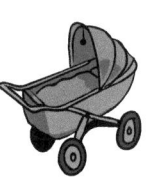

Wózek dziecięcy
el coche de niño

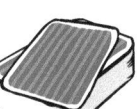

Gra w karty
los naipes

Puzzle
el puzle

SUPER MEGA

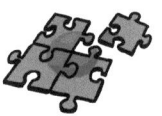

Komiks
el tebeo

Klocki lego

las piezas de lego

Klocki

los bloques de juguete

Action figura

la figura de acción

Śpioszek dziecięcy

el bodi (de bebé)

Frisbee

el frisbee

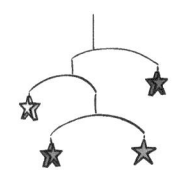

Zabawki ruchome

el colgador móvil para bebés

Gra planszowa

el juego de mesa

Kości

los dados

Kolejka elektryczna

el circuito de tren eléctrico

Smoczek

el maniquí

Przyjęcie

la fiesta

Książka z ilustracjami

el álbum de fotos

Piłka

la pelota

Lalka

la muñeca

bawić się

jugar

Piaskownica

el cajón de arena

Huśtawka

el columpio

Zabawki

los juguetes

Konsola do gier

la videoconsola

Rowerek trójkołowy

el triciclo

Pluszowy miś

el oso de peluche

Szafa ubraniowa

la guardarropa

Ubiór

la ropa

Skarpety

los calcetines

Pończochy

las medias

Rajstopy

los leotardos

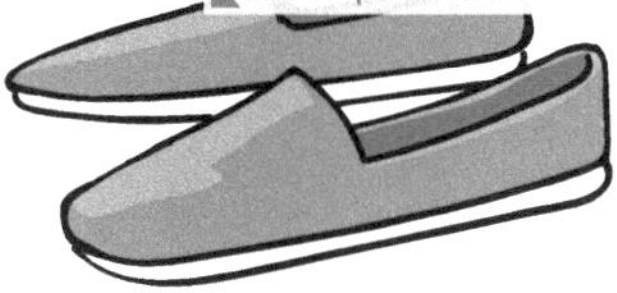

Szal
la bufanda

Parasol
el paraguas

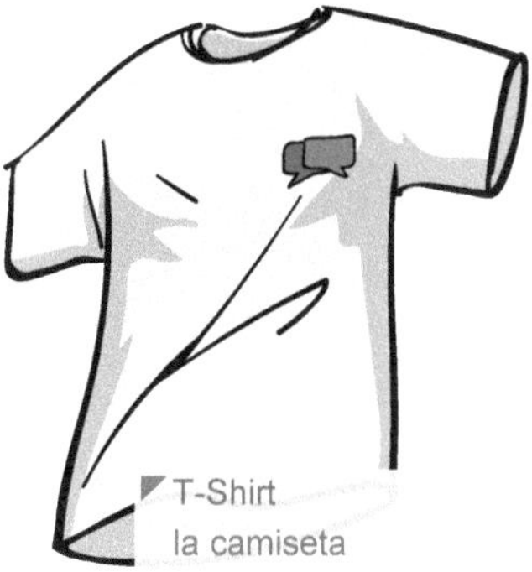

T-Shirt
la camiseta

Pasek
el cinturón

Kozaki
las botas

Pantofle domowe
las zapatillas

Obuwie sportowe
las deportivas

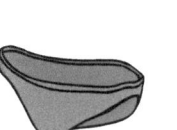

Sandały
....
las sandalias

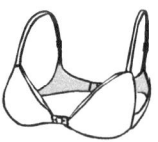

Buty
....
los zapatos

Kalosze
....
las botas de goma

Majtki
....
el slip

Biustonosz
....
el sostén

Podkoszulek
....
el chaleco

Body

el bodi

Spodnie

los pantalones cortos

Dżins

los vaqueros

Spódnica

la falda

Bluzka

la blusa

Koszula

la camisa

Pulower

el jersey

Bluza sportowa

el suéter

Marynarka

el blazer

Kurtka

la chaqueta

Płaszcz

el abrigo

Płaszcz przeciwdeszczowy

la gabardina

Kostium

el traje

Sukienka

el vestido

Suknia ślubna

el vestido de novia

Garnitur męski

el traje

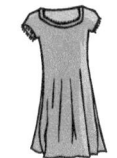

Koszula nocna

el camisón

Piżama

el pijama

Sari

el sati

Chusta na głowę

el bandana

Turban

el turbante

Burka

la burka

Kaftan

el caftán

Abaya

la abaya

Strój kąpielowy

el traje de baño

Kąpielówki

el bañador

Krótkie spodnie

los pantalones cortos

Dres sportowy

el chándal

Fartuch

el delantal

Rękawiczki

los guantes

Guzik

el botón

Okulary

las gafas

Bransoletka

el brazalete

Łańcuszek

el collar

Pierścionek

el anillo

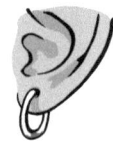

Kolczyk

el pendiente

Czapka

la gorra

Wieszak

la percha

Kapelusz

el sombrero

Krawat

la corbata

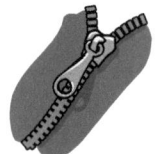

Zamek błyskawiczny

la cremallera

Kask

el casco

Szelki

los tirantes

Mundurek szkolny

el uniforme

Mundur

el uniforme

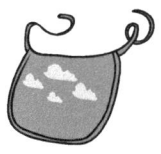

Śliniaczek

el babero

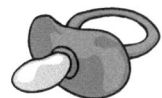

Smoczek

el maniquí

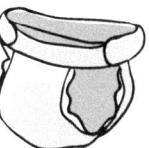

Pieluszka

el pañal

Biuro
la oficina

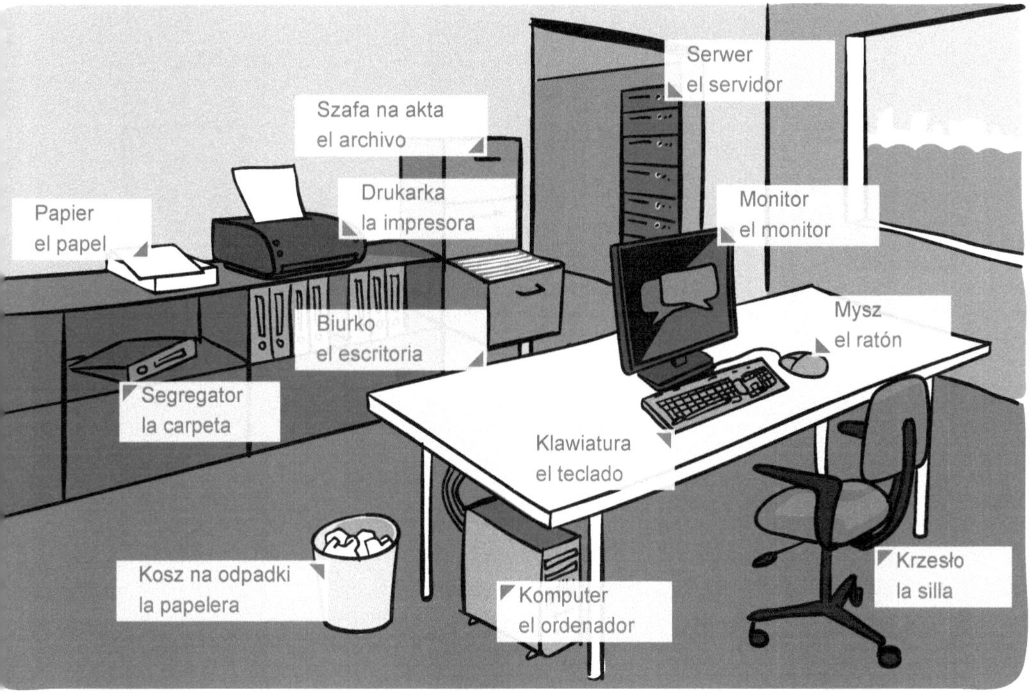

Serwer
el servidor
Szafa na akta
el archivo
Drukarka
la impresora
Monitor
el monitor
Papier
el papel
Mysz
el ratón
Biurko
el escritoria
Segregator
la carpeta
Klawiatura
el teclado
Kosz na odpadki
la papelera
Krzesło
la silla
Komputer
el ordenador

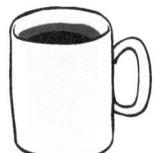

Filiżanka do kawy

la taza de café

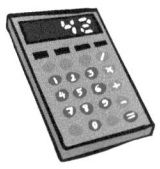

Kalkulator

la calculadora

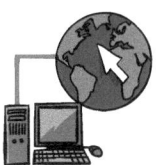

Internet

el internet

Laptop

el portátil

List

la carta

Wiadomość

el mensaje

Komórka

el móvil

Sieć

la red

Kopiarka

la fotocopiadora

Oprogramowanie

el software

Telefon

el teléfono

Gniazdko

la toma de corriente

Faks

el fax

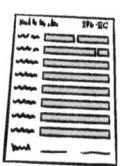

Formularz

el formulario

Dokument

el documento

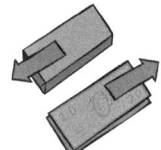

kupić

comprar

płacić

pagar

postępować

comerciar

Pieniądze

el dinero

Dolar

el dólar

Euro

el euro

Jen

el yen

 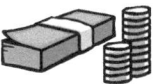

Rubel

el rublo

Frank

el franco suizo

Juan Renminbi

el renminbi yuan

Rupia

la rupia

Bankomat

el cajero automático

Kantor wymiany walut

la oficina de cambio de divisas

Złoto

el oro

Srebro

la plata

Olej

el petróleo

Energia

la energía

Cena

el precio

Umowa

el contrato

Podatek

el impuesto

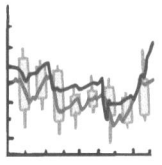

Akcja

la acción

pracować

trabajar

Pracownik umysłowy

el empleador

Pracodawca

el empleador

Fabryka

la fábrica

Sklep

la tienda de campaña

Zawody
los oficios

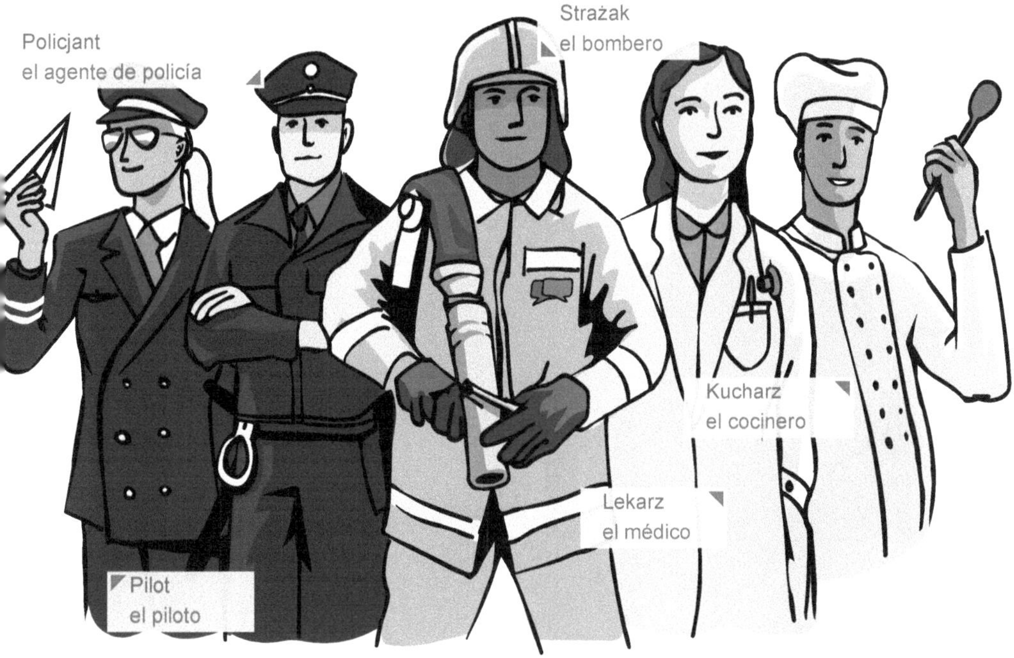
Strażak
el bombero
Policjant
el agente de policía
Kucharz
el cocinero
Lekarz
el médico
Pilot
el piloto

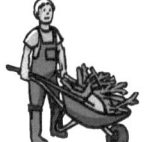

Ogrodnik

el jardinero

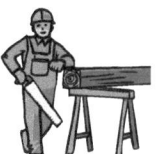

Stolarz

el carpintero

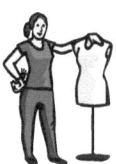

Krawcowa

la costurera

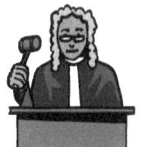

Sędzia

el juez

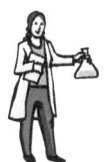

Chemik

el farmacéutico

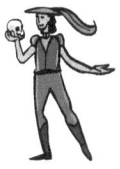

Aktor

el actor

Kierowca autobusu

el conductor de autobús

Taksówkarz

el taxista

Fischer

el pescador

Sprzątaczka

la señora de la limpieza

Dekarz

el techador

Kelner

el camarero

Myśliwy

el cazador

Malarz

el pintor

Piekarz

el panadero

Elektryk

el electricista

Robotnik budowlany

el obrero

Inżynier

el ingeniero

Rzeźnik

el carnicero

Instalator

el fontanero

Listonosz

el cartero

Żołnierz
el soldado

Architekt
el arquitecto

Kasjer
el cajero

Florysta
el florista

Fryzjer
el peluquero

Konduktor
el revisor

Mechanik
el mecánico

Kapitan
el capitán

Dentysta
el dentista

Naukowiec
el científico

Rabin
el rabino

Imam
el imán

Mnich
el monje

Proboszcz
el sacerdote

Narzędzia
las herramientas

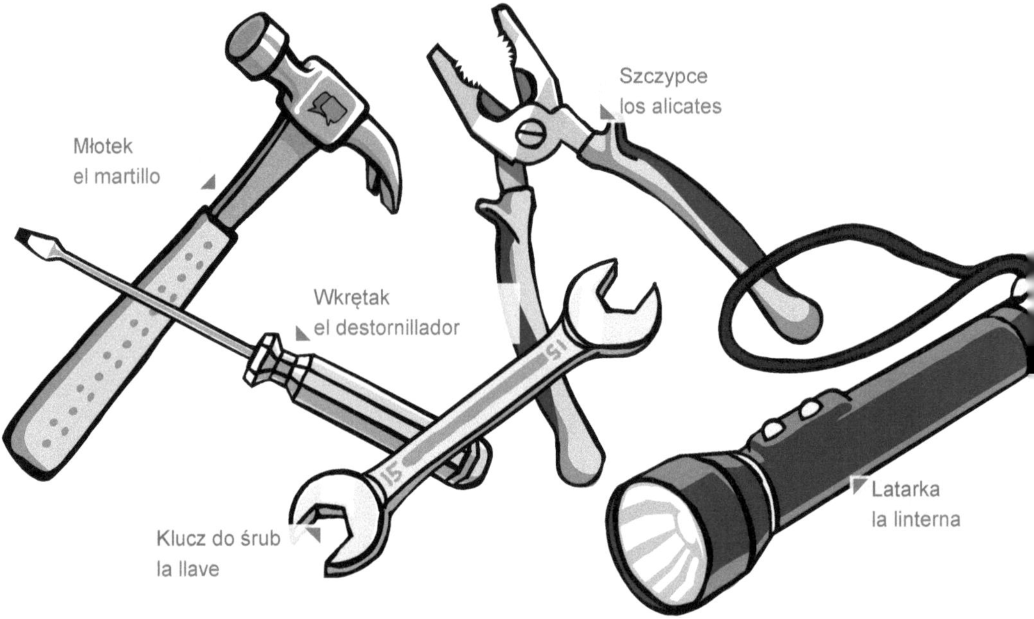
Szczypce
los alicates
Młotek
el martillo
Wkrętak
el destornillador
Latarka
la linterna
Klucz do śrub
la llave

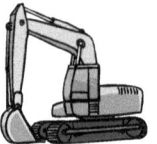

Koparka

la excavadora

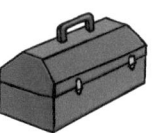

Skrzynka narzędziowa

la caja de herramientas

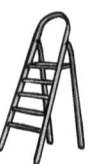

Drabina

la escalera de mano

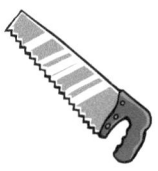

Piła

la sierra

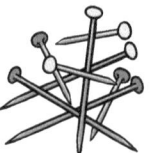

Gwoździe

los clavos

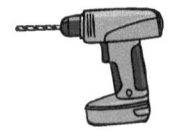

Wiertło

el taladro

naprawić

reparar

Łopatka

la pala

Cholera!

¡Maldita sea!

Szufelka

el recogedor

Puszka z farbą

el bote de pintura

Śruby

los tornillos

Instrumenty muzyczne
los instrumentos musicales

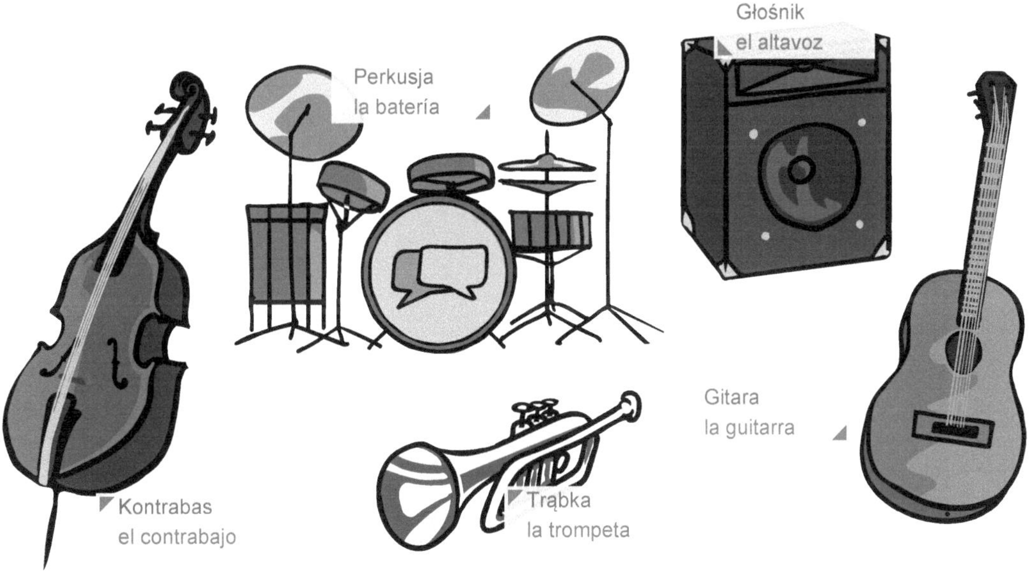

Głośnik
el altavoz

Perkusja
la batería

Gitara
la guitarra

Kontrabas
el contrabajo

Trąbka
la trompeta

Pianino

el piano

Skrzypce

el violín

Bas

bajo

Kotły

los timbales

Bęben

el tambor

Keyboard

el teclado

Saksofon

el saxofón

Flet

la flauta

Mikrofon

el micrófono

Zoo

el zoo

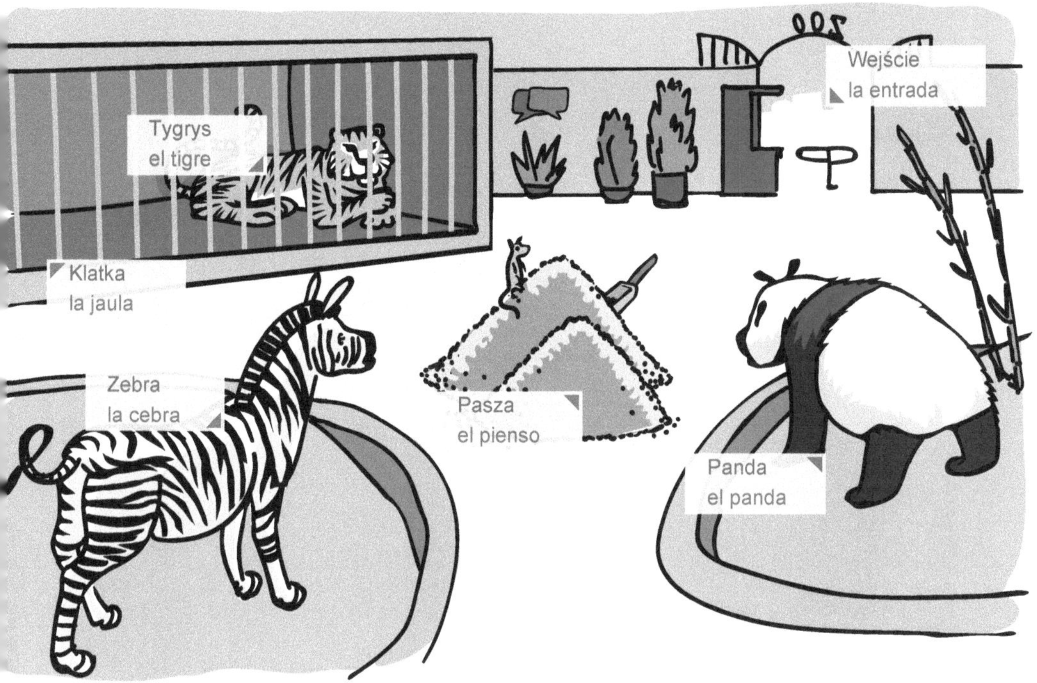
ZOO
Wejście
la entrada
Tygrys
el tigre
Klatka
la jaula
Zebra
la cebra
Pasza
el pienso
Panda
el panda

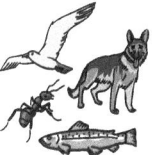

Zwierzęta
....
los animales

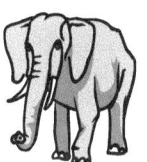

Słoń
....
el elefante

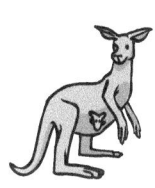

Kangur
....
el canguro

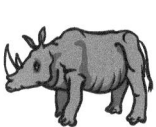

Nosorożec
....
el rinoceronte

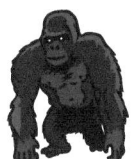

Goryl
....
el gorila

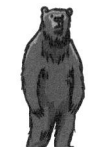

Niedźwiedź
....
el oso

Wielbłąd

el camello

Struś

el avestruz

Lew

el león

Małpa

el mono

Fleming

el flamingo

Papuga

el loro

Niedźwiedź polarny

el oso polar

Pingwin

el pingüino

Rekin

el tiburón

Paw

el pavo real

Wąż

la serpiente

Krokodyl

el cocodrilo

Dozorca w zoo

el guardián de zoológico

Foka

la foca

Jaguar

el jaguar

Kucyk

el poni

Gepard

el leopardo

Hipopotam

el hipopótamo

Żyrafa

la jirafa

Orzeł

el águila

Dzik

el jabalí

Ryba

el pescado

Żółw

la tortuga

Mors

la morsa

Lis

el zorro

Gazela

la gacela

Futbol amerykański
el fútbol americano

Kolarstwo
el ciclismo

Tenis
el tenis

Koszykówka
el baloncesto

Pływanie
la natación

Boks
el boxeo

Hokej na lodzie
el hockey sobre hielo

Piłka nożna
el fútbol

Badminton
el bádminton

Lekka atletyka
el atletismo

Piłka ręczna
el balonmano

Narciarstwo
el esquí

Polo
el polo

Działania
las actividades

śmiać się
reír
skakać
saltar
objąć
abrazar
iść
caminar
śpiewać
cantar
marzyć
soñar
modlić się
rezar
całować
besar

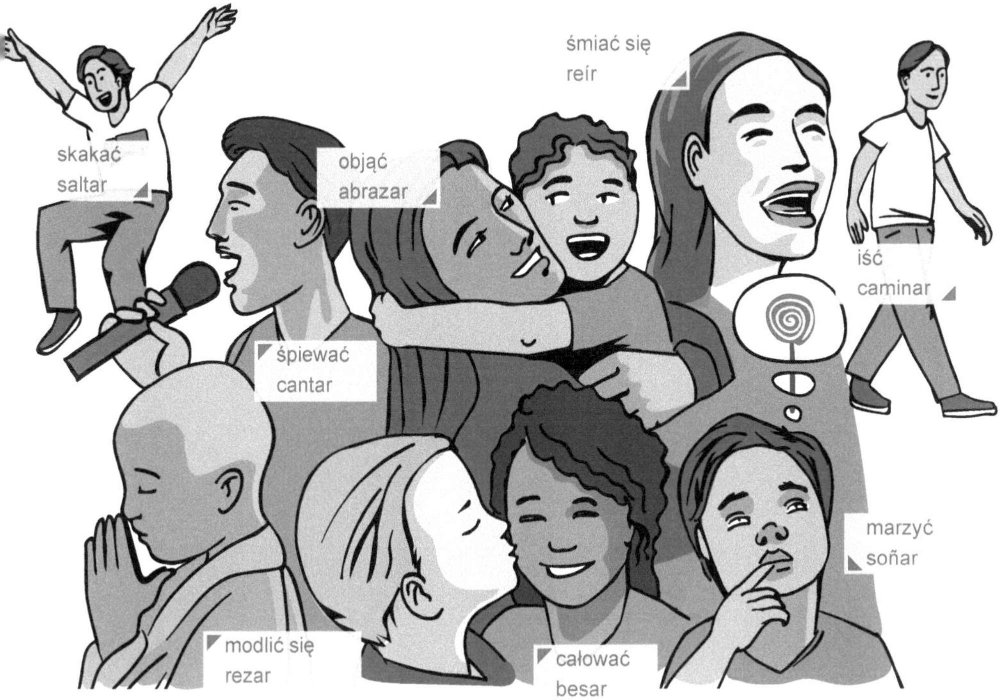

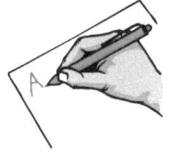

pisać

escribir

rysować

dibujar

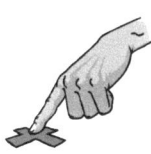

pokazywać

mostrar

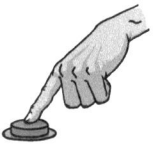

nacisnąć

empujar

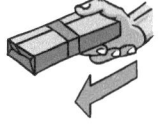

dać

dar

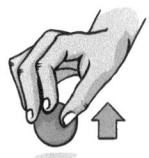

wziąć

tomar

mieć

tener

robić

hacer

być

ser

stać

estar de pie

biegać

correr

ciągnąć

tirar

rzucać

tirar

spaść

caer

leżeć

yacer

czekać

esperar

nosić

llevar

siedzieć

estar sentado

zakładać

vestirse

spać

dormir

budzić się

despertar

spojrzeć

mirar

płakać

llorar

głaskać

acariciar

czesać się

peinar

mówić

hablar

rozumieć

entender

pytać

preguntar

słyszeć

escuchar

pić

beber

jeść

comer

sprzątać

ordenar

kochać

amar

gotować

cocinar

jechać

conducir

latać

volar

żeglować

navegar

liczyć

calcular

czytać

leer

uczyć się

aprender

pracować

trabajar

wejść w związek małżeński

casarse

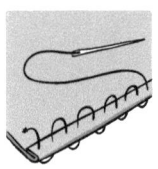

szyć

coser

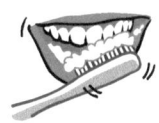

myć zęby

cepillarse los dientes

zabić

matar

palić tytoń

fumar

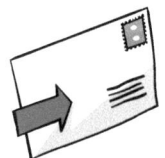

wysłać

enviar

Rodzina
la familia

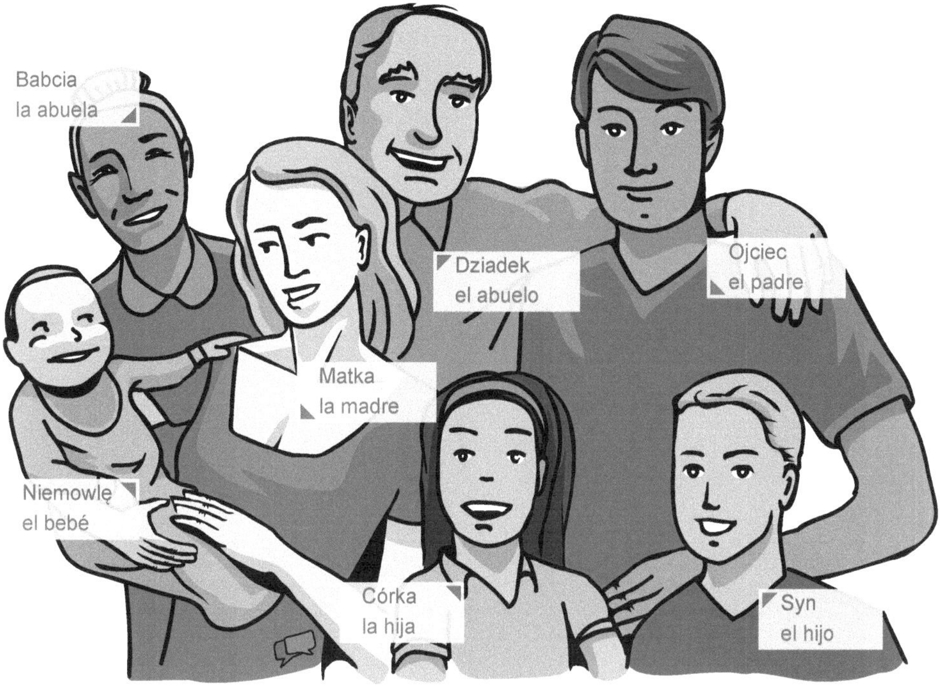

Babcia
la abuela
Dziadek
el abuelo
Ojciec
el padre
Matka
la madre
Niemowlę
el bebé
Córka
la hija
Syn
el hijo

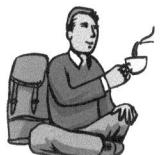

Gość

el invitado

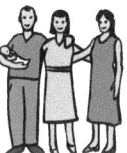

Ciotka

la tía

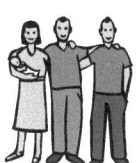

Wujek

el tío

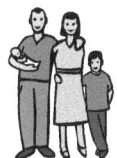

Brat

el hermano

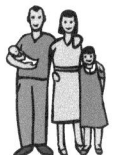

Siostra

la hermana

Ciało

el cuerpo

Czoło
la frente
Oko
el ojo
Ramię
el hombro
Palec
el dedo
Twarz
la cara
Broda
la barbilla
Ręka
la mano
Noga
la pierna
Pierś
el pecho
Ramię
el brazo

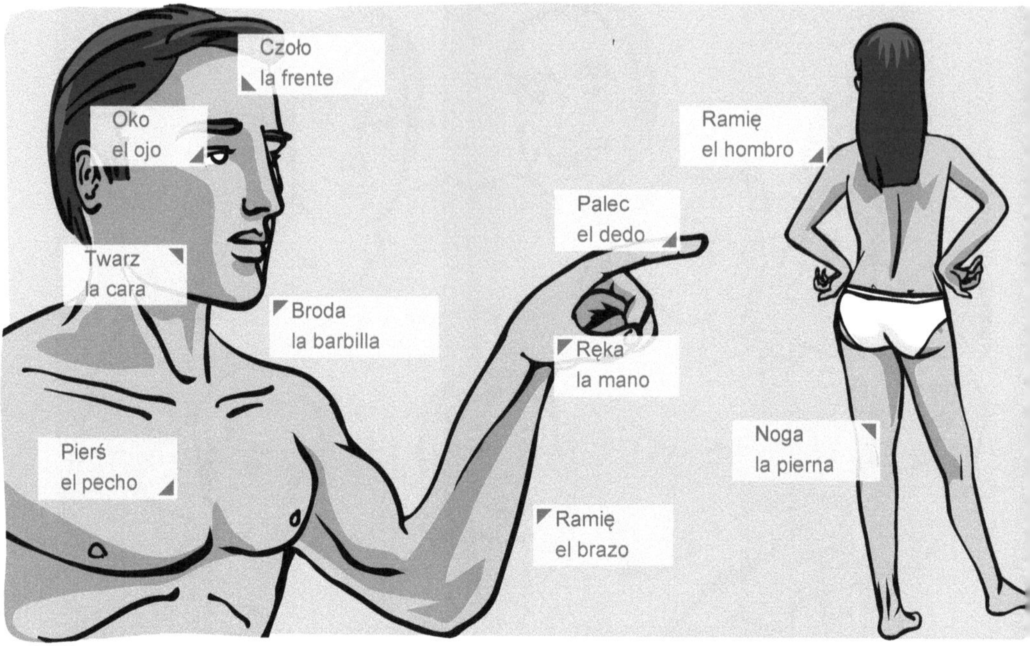

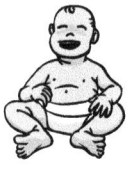

Niemowlę

el bebé

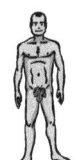

Mężczyzna

el hombre

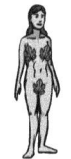

Kobieta

la mujer

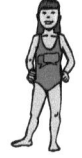

Dziewczyna

la chica

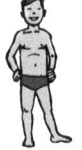

Chłopiec

el chico

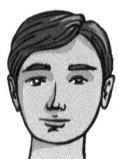

Głowa

la cabeza

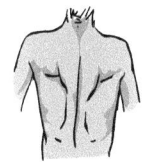

Plecy

la espalda

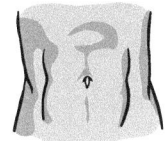

Brzuch

el vientre

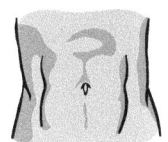

Pępek

el ombligo

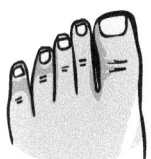

palec nogi

el dedo del pie

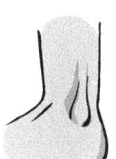

Pięta

el talón

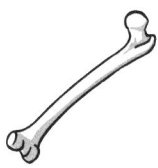

Kość

el hueso

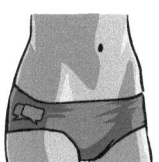

Biodro

la cadera

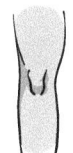

Kolano

la rodilla

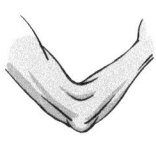

Łokieć

el codo

Nos

la nariz

Pośladki

el trasero

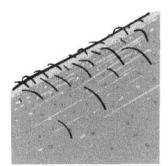

Skóra

la piel

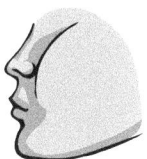

Policzek

la mejilla

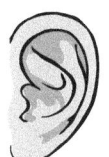

Uszy

el oído

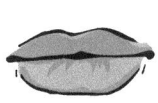

Warga

el labio

Usta

la boca

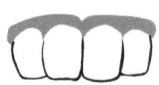

Ząb

el diente

Język

la lengua

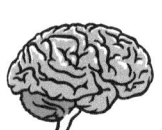

Mózg

el cerebro

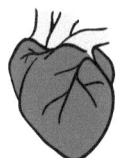

Serce

el corazón

Mięsień

el músculo

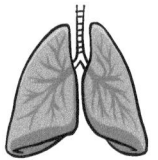

Płuca

el pulmón

Wątroba

el hígado

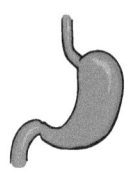

Żołądek

el estómago

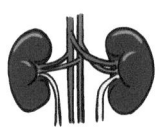

Nerki

los riñones

Stosunek płciowy

el sexo

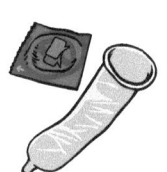

Kondom

el condón

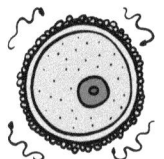

Komórka jajowa

el ovario

Sperma

el semen

Ciąża

el embarazo

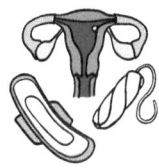

Menstruacja
....
la menstruación

Wagina
....
la vagina

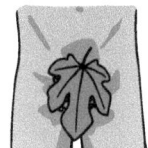

Penis
....
el pene

Brew
....
la ceja

Włosy
....
el pelo

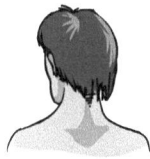

Szyja
....
el cuello

Szpital
el hospital

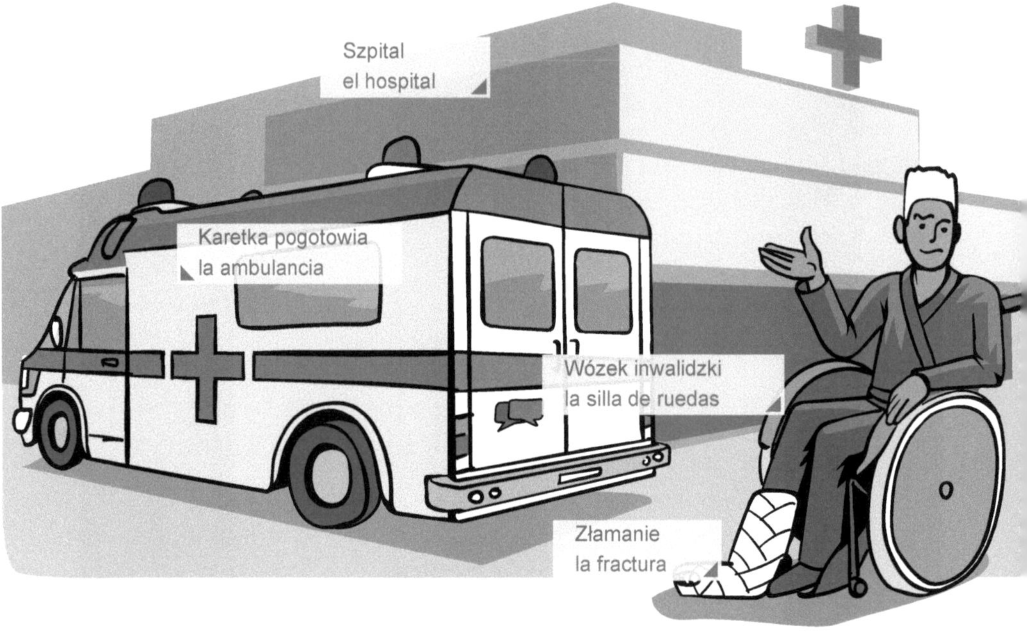

Szpital
el hospital
Karetka pogotowia
la ambulancia
Wózek inwalidzki
la silla de ruedas
Złamanie
la fractura

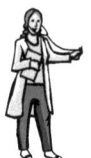

Lekarz

el médico

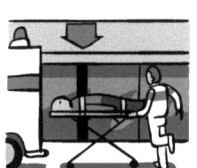

Izba przyjęć

la sala de urgencias

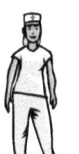

Pielęgniarka

la enfermera

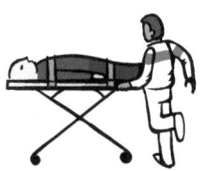

Nagły przypadek

la urgencia

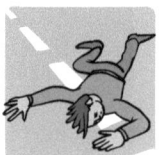

nieprzytomny

inconsciente

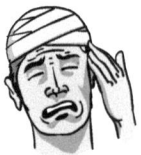

Ból

el dolor

Skaleczenie

la lesión

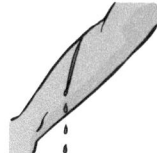

Krwawienie

la hemorragia

Zawał serca

el infarto

Udar mózgu

el ictus

Alergia

la alergia

Kaszleć

la tos

Gorączka

la fiebre

Grypa

la gripe

Biegunka

la diarrea

Ból głowy

el dolor de cabeza

Rak

el cáncer

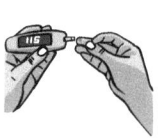

Cukrzyca

la diabetes

Chirurg

el cirujano

Skalpel

el bisturí

Operacja

la operación

CT

TAC

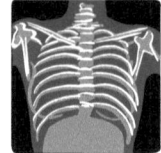

Rentgen

los rayos x

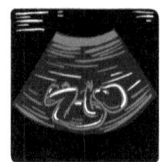

Ultradźwięki

el ultrasonido

Maska

la mascarilla

Choroba

la enfermedad

Poczekalnia

la sala de espera

Kula

la muleta

Plaster

la tirita

Opatrunek

la venda

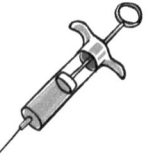

Iniekcja

la inyección

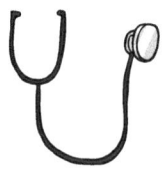

Stetoskop

el estetoscopio

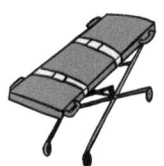

Nosze

la camilla

Termometr

el termómetro

Poród

el nacimiento

Nadwaga

el sobrepeso

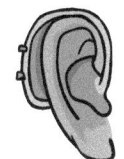

Aparat słuchowy

el audífono

Środek dezynfekcyjny

el desinfectante

Infekcja

la infección

Wirus

el virus

HIV / AIDS

VIH / SIDA

Medycyna

la medicina

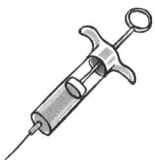

Szczepienie

la vacunación

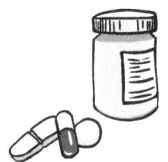

Tabletki

las tabletas

Pigułka

la pastilla

Telefon ratunkowy

la llamada de urgencia

Ciśnieniomierz krwi

el tensiómetro

chory / zdrowy

enfermo / sano

Pomocy!

¡Socorro!

Alarm

la alarma

Napad

el asalto

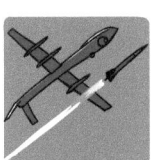

Atak

el ataque

Niebezpieczeństwo

el peligro

Wyjście awaryjne

la salida de emergencia

Pożar!

¡Fuego!

Gaśnica

el extintor de incendios

Wypadek

el accidente

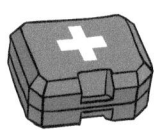

Walizeczka pierwszej pomocy

el botiquín de primeros auxilios

SOS

SOS

Policja

la policía

Europa

Europa

Ameryka Północna

Norteamérica

Ameryka Południowa

Sudamérica

Afryka

África

Azja

Asia

Australia

Australia

Atlantyk

el atlántico

Pacyfik

el Pacífico

Ocean Indyjski

el Océano Índico

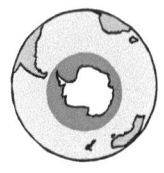

Ocean Antarktyczny

el Océano Antártico

Ocean Arktyczny

el Océano Ártico

Biegun północny

el polo norte

Biegun południowy

el polo sur

Antarktyda

La Antártida

Ziemia

la tierra

Kraj

la tierra

Morze

el mar

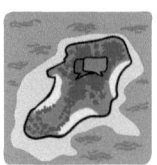

Wyspa

la isla

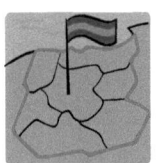

Naród

la nación

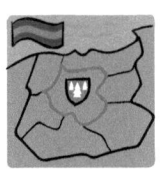

Państwo

el estado

Cyferblat

la esfera

Wskazówka godzinowa

la manecilla de las horas

Wskazówka minutowa

el minutero

Wskazówka sekundowa

el segundero

Która godzina?

¿Qué hora es?

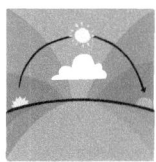

Dzień

el día

Czas

el tiempo

teraz

ahora

Zegarek digitalny

el reloj digital

Minuta

el minuto

Godzina

la hora

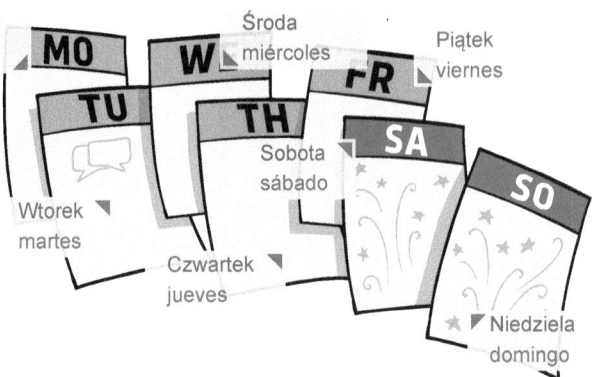

Poniedziałek
lunes

Wtorek
martes

Środa
miércoles

Czwartek
jueves

Piątek
viernes

Sobota
sábado

Niedziela
domingo

wczoraj

ayer

dzisiaj

hoy

jutro

mañana

Rano

la mañana

Południe

el mediodía

Wieczór

la tarde

Dni robocze

los días laborables

Weekend

el fin de semana

Deszcz
la lluvia

Tęcza
el arcoíris

Śnieg
la nieve

Wiatr
el viento

Wiosna
la primavera

Jesień
el otoño

Lato
el verano

Zima
el invierno

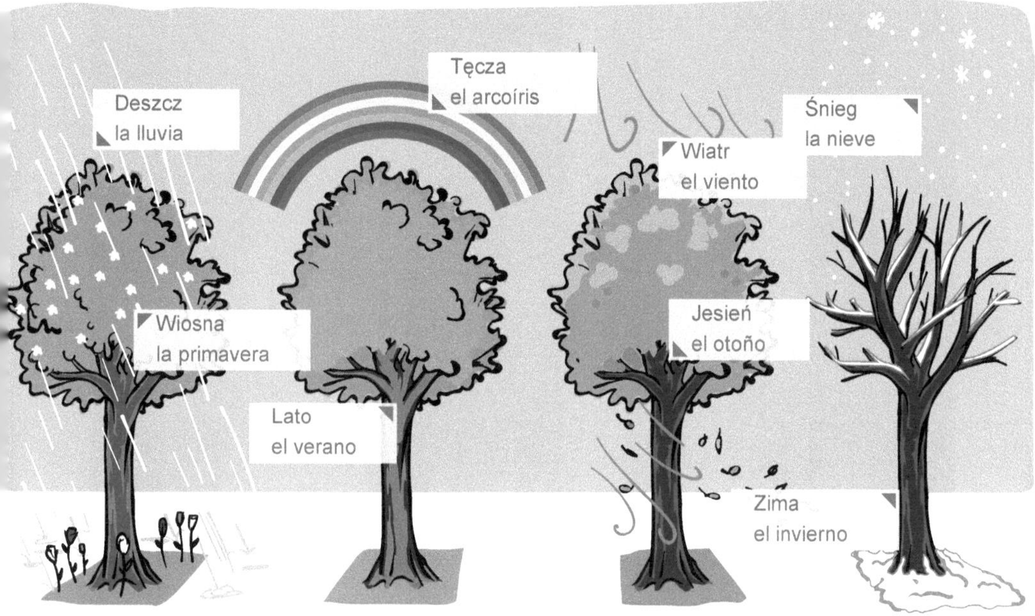

Prognoza pogody

el pronóstico del tiempo

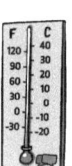

Termometr

el termómetro

Światło słoneczne

el sol

Chmura

la nube

Mgła

la niebla

Wilgotność powietrza

la humedad

Błyskawica

el rayo

Grzmot

el trueno

Sztorm

la tormenta

Grad

el granizo

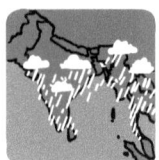

Monsun

el monzón

Potop

la inundación

Lód

el hielo

Styczeń

enero

Luty

febrero

Marzec

marzo

Kwiecień

abril

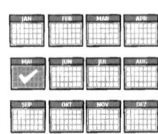

Maj

mayo

Czerwiec

junio

Lipiec

julio

Sierpień

agosto

Wrzesień

septiembre

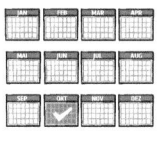

Październik

octubre

Listopad

noviembre

Grudzień

diciembre

Kształty
las formas

Koło

el círculo

Kwadrat

el cuadrado

Prostokąt

el rectángulo

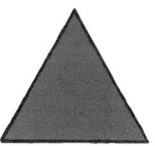

Trójkąt

el triángulo

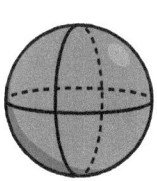

Kula

la esfera

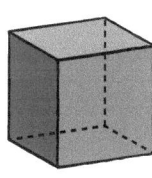

Sześcian

el cubo

biały
....
blanco

żółty
....
amarillo

pomarańczowy
....
anaranjado

różowy
....
rosa

czerwony
....
rojo

liliowy
....
morado

niebieski
....
azul

zielony
....
verde

brązowy
....
marrón

szary
....
gris

czarny
....
negro

dużo / mało

mucho / poco

wściekły / spokojny

enojado / tranquilo

piękny / brzydki

bonito / feo

początek / koniec

principio / fin

duży / mały

grande / pequeño

jasny / ciemny

claro / oscuro

brat / siostra

el hermano / la hermana

czysty / brudny

limpio / sucio

kompletny / niekompletny

completo / incompleto

dzień / noc

el día / la noche

umarły / żywy

muerto / vivo

szeroki / wąski

ancho / estrecho

jadalny / niejadalny

comestible / no comestible

zły / uprzejmy

malo / amable

podniecony / znudzony

entusiasmado / aburrido

gruby / chudy

gordo / delgado

najpierw / na końcu

primero / último

przyjaciel / wróg

el amigo / el enemigo

pełen / pusty

lleno / vacío

twardy / miękki

duro / blando

ciężki / lekki

pesado / ligero

głód / pragnienie

el hambre / la sed

chory / zdrowy

enfermo / sano

nielegalny / legalny

ilegal / legal

inteligentny / głupi

inteligente / tonto

lewo / prawo

izquierda / derecha

bliski / daleki

cerca / lejos

nowy / używany

nuevo / usado

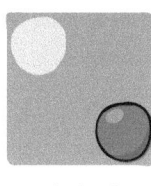

nic / coś

nada / algo

stary / młody

viejo / joven

włącz / wyłącz

encendido / apagado

otwarty / zamknięty

abierto / cerrado

cichy / głośny

silencioso / ruidoso

bogaty / biedny

rico / pobre

prawidłowy / błędny

correcto / incorrecto

chropowaty / gładki

áspero / suave

smutny / szczęśliwy

triste / contento

krótki / długi

corto / largo

powolny / szybki

lento / rápido

mokry/suchy

húmedo / seco

ciepły / chłodny

cálido / frío

wojna / pokój

guerra / paz

Liczby

los números

0	**1**	**2**
zero	jeden	dwa
cero	uno	dos
3	**4**	**5**
trzy	cztery	pięć
tres	cuatro	cinco
6	**7**	**8**
sześć	siedem	osiem
seis	siete	ocho
9	**10**	**11**
dziewięć	dziesięć	jedenaście
nueve	diez	once

12

dwanaście

doce

13

trzynaście

trece

14

czternaście

catorce

15

piętnaście

quince

16

szesnaście

dieciséis

17

siedemnaście

diecisiete

18

osiemnaście

dieciocho

19

dziewiętnaście

diecinueve

20

dwadzieścia

veinte

100

sto

cien

1.000

tysiąc

mil

1.000.000

milion

el millón

Angielski

el inglés

Angielski amerykański

el inglés americano

Chiński mandaryński

el chino madarín

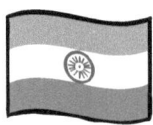

Hindi

el hindi

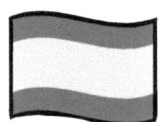

Hiszpański

el español

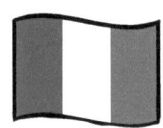

Francuski

el francés

Arabski

el árabe

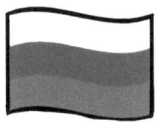

Rosyjski

el ruso

Portugalski

el portugués

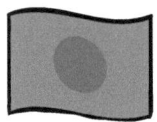

Bengalski

el bengalí

Niemiecki

el alemán

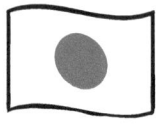

Japoński

el japonés

ja

yo

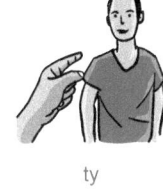

ty

tú

on / ona / ono

él / ella / ello

my

nosotros/as

wy

vosotros/as

oni

ellos/as

kto?

¿quién?

co?

¿qué?

jak?

¿cómo?

gdzie?

¿dónde?

kiedy?

¿cuándo?

Nazwisko

el nombre

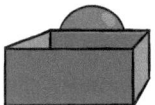

za
....
detrás

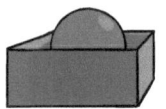

w
....
en

przed
....
delante de

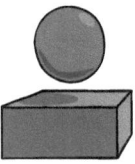

powyżej
....
por encima de

na
....
sobre

pod
....
debajo de

obok
....
junto a

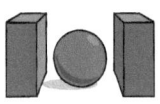

między
....
entre

Miejsce
....
el lugar